Amaso
la masa

MONTAÑA
ENCANTADA

Helen y Clive Dorman

Amaso la masa

EVEREST

Hannah va a enseñarnos
cómo se hace masa.

Aquí está todo lo que
necesita para hacer masa.

taza y cuchara

cuenco

agua

harina y sal

aceite

colorante alimentario

Lo primero que hace Hannah es abrir el paquete de harina.

Se pone de pie y utiliza
la taza azul como medida.

HARINA

Vierte cuidadosamente
la taza de harina
en el cuenco.

Para hacer la masa necesita dos tazas de harina. Hannah mide la segunda...

... y la vierte en el cuenco.

SAL

HARINA

Después, echa la sal
en la taza.
Necesita un poco de sal
para hacer la masa.

Vierte la sal en el cuenco.
¿Cuántas tazas de harina
se necesitan?
¿Cuántas tazas de sal?

Hannah le ha quitado
el tapón al aceite
y mide una cucharada
con mucho cuidado.
La cuchara está encima
del cuenco.
¿Sabes por qué?

Vierte el aceite
en el cuenco.

Hannah mide ahora
una taza de agua.

Vierte la taza de agua
en el cuenco.

Después echa unas gotas de colorante alimentario. Hoy quiere hacer una masa de color verde. ¿De qué color quieres hacer tu masa?

Utiliza la cuchara para revolver la masa:
dos tazas de harina,
un poco de sal,
una taza de agua,
una cucharada de aceite
y unas cuantas gotas
de colorante.

Usa las manos
para mezclar
la masa.

¡Vaya!
¡La masa está
bastante
pegajosa!

Hannah añade un poco más de harina en la masa, pero todavía no está lista.

¡Ahora sí!

Hannah pone la masa
sobre la mesa.
¿Qué crees que hará
con ella?

¡Brillante!
¡Hannah puede hacer
masa verde sola!
¡Ahora tú también puedes!

Hannah **abre** el
paquete de harina.

Utiliza una taza
como medida.

Empieza a medi
la harina.

Vierte la taza de
harina en el cuenco.

Luego **echa**
la sal.

Quita el tapón a
la botella de aceite

Mide el aceite
con una cuchara.

Tiene cuidado de no
derramar el agua.

Añade unas gotas
de colorante.

Lo **revuelve** con la cuchara.

Con las manos **mezcla** los ingredientes.

Parece que aún no **está lista**.

¡**Perfecta** para hacer figuritas de pan!

13

Dirección editorial: Raquel López Varela
Coordinación editorial: Ana María García Alonso
Maquetación: Cristina A. Rejas Manzanera
Título original: *Now I can... make dough*
Traducción: Alberto Jiménez Rioja
Diseño de cubierta: Jesús Cruz

© EDITORIAL EVEREST, S. A.
Carretera León-La Coruña, km 5 - LEÓN
ISBN: 84-241-8732-6
Depósito legal: LE. 1004-2004
Printed in Spain - Impreso en España
EDITORIAL EVERGRÁFICAS, S. L.
Carretera León-La Coruña, km 5
LEÓN (España)
Atención al cliente: 902 123 400
www.everest.es